minutos de inteligência

AMOR

Esta é uma publicação Principis, selo exclusivo da Ciranda Cultural
© 2024 Ciranda Cultural Editora e Distribuidora Ltda.

Título: Minutos de inteligência: Amor

Texto: © Augusto Cury
Diretor Comercial e Editorial: Juliano Fontoura
Gerente de Projetos: Elizângela Guerreiro
Revisão: Mônica Glasser
Diagramação: Manoela Dourado
Capa: Renné Ramos

Dados Internacionais de Catalogação na Publicação (CIP) de acordo com ISBD

C982m
   Cury, Augusto
      Minutos de inteligência: Amor / Augusto Cury. - Jandira, SP : Principis, 2024.
      64 p. ; 15,50cm x 22,60cm. -(Minutos de inteligência)

      ISBN: 978-65-5097-152-6

      1. Autoajuda. 2. Brasil. 3. Reflexão. 4. Filhos.
      5. Pensamentos. 6. Autodesenvolvimento. 7. Família.
   I. Título. II. Série. III. Série.

                                                                         CDD 158.1
2024-1824   CDU 159.92

Elaborado por Lucio Feitosa - CRB-8/8803

Índices para catálogo sistemático:
1. Autoajuda : 158.1
2. Autoajuda : 159.92

1ª edição em 2024
www.cirandacultural.com.br
Todos os direitos reservados. Nenhuma parte desta publicação pode ser reproduzida, arquivada em sistema de busca ou transmitida por qualquer meio, seja ele eletrônico, fotocópia, gravação ou outros, sem prévia autorização do detentor dos direitos, e não pode circular encadernada ou encapada de maneira distinta daquela em que foi publicada, ou sem que as mesmas condições sejam impostas aos compradores subsequentes.

DREAMSELLERS EDITORA
www.dreamsellers.com.br
editora@dreamsellers.com.br

AUGUSTO CURY
O PSIQUIATRA MAIS LIDO DO MUNDO

minutos de inteligência

AMOR

Principis

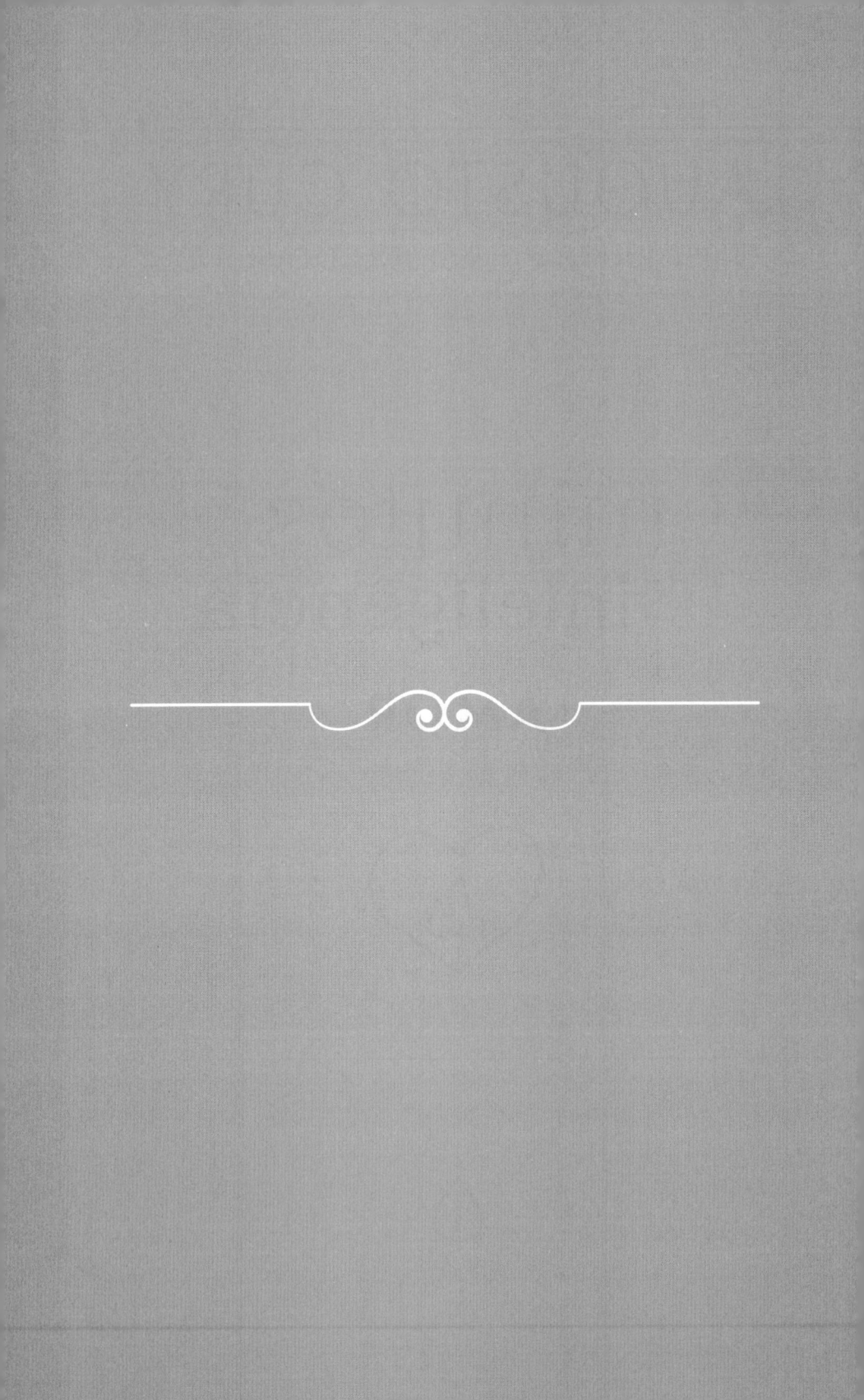

> Antigamente os amores eram
> muito mais intensos do que hoje.

Como o casal raramente se via e a comunicação era difícil, se dava por carta ou por meio de transporte de tração animal, como a carruagem, a saudade era grande, a necessidade de estar junto era bombástica, os encontros eram mágicos. Cada toque, cada carícia, cada jura de amor dita ao pé do ouvido dos amantes produzia experiências emocionais fortíssimas.

Com o passar do tempo, a comunicação foi se aperfeiçoando, os correios se tornaram mais eficientes, os veículos motorizados e o telefone encurtaram as distâncias.

> Com as redes sociais, o ciúme tornou os amantes presas; ficou fácil controlar os passos um do outro.

"Onde você está?" "O que está fazendo?" "Por que não curtiu minhas postagens?" Na era da comunicação digital, o fantasma do ciúme voltou com força total.

O relacionamento superficial nas redes sociais não prepara as defesas emocionais para o relacionamento mais profundo, regado a cumplicidade e troca; casais vivem sob ataques do medo da perda, que afiam as garras do ciúme. Tente controlar quem você ama, e os dois adoecerão. O amor nasce e se desenvolve no terreno da liberdade.

> Só quem aprende os segredos da
> matemática da emoção consegue
> prevenir o ciúme.

Só quem sabe dividir suas lágrimas e suas perdas irrigará o amor inteligente. O ciúme é egoísta, não sabe dividir; o amor inteligente compartilha, vive a matemática da emoção. O ciúme é egocêntrico, quer que o outro viva na sua órbita; o amor inteligente aplaude as próprias órbitas.

Não basta amar com a emoção; uma relação precisa do amor inteligente para ser sustentável.

Não há dúvida de que o amor humano é finito e regado a condições.

Quem amar apenas com emoção terá um amor intolerante às frustrações, rapidamente esgotável. É necessário amar com doses de inteligência.

No começo da relação, quando as labaredas do amor estão altas, enfrentam-se com maior disposição as tempestades emocionais, as crises e as dificuldades. Todavia, quando as chamas diminuem, os atritos gritam mais alto, as acusações e as críticas se sobressaem à tolerância, asfixiando pouco a pouco o amor.

Quando se ama com gestão da emoção, o paradigma muda: o amor é infinito enquanto é cultivado.

> O amor inteligente precisa de admiração;
> se os parceiros não forem minimamente agradáveis
> um para o outro, nenhum romance se inicia.

Uma pessoa ciumenta pode ser agradável, mas raramente será admirável. Parceiros agradáveis podem se dar muito bem na cama, mas ter uma convivência difícil, sem conseguir respeitar a opinião um do outro.

Uma pessoa agradável pode ter dificuldade de reconhecer seus erros quando questionada, mas uma pessoa admirável supera a necessidade neurótica de estar sempre certa. Uma pessoa agradável pode reagir pelo fenômeno da ação-reação, ter baixo limiar para tolerar frustrações, enquanto a pessoa admirável é paciente, doa-se mais e diminui a expectativa de retorno.

Sem admiração, o amor não é sustentável.

> Pessoas admiráveis colocam
> combustível nas delicadas chamas do amor;
> já as agradáveis o vivem apenas enquanto ele dura.

Não há nenhuma garantia de que romances que começam bem vão terminar bem, que relações saturadas de beijos e carícias não vão terminar em tapas emocionais. Sem admiração, os parceiros tornam-se chatos, críticos, pressionadores e acusadores com o passar do tempo. São incapazes de dar risada da própria estupidez, levam a vida a ferro e fogo, não brincam, não relaxam. Sem admiração, o romance é desinteligente, carregado de emoção, mas vazio de sabedoria.

> Querer a presença do outro é saudável,
> mas exigi-la é nocivo.

Procurar fazer coisas juntos tempera a relação, mas não se alegrar sem a presença do outro é doentio. Amar a presença do parceiro é riquíssimo, mas reclamar atenção exclusiva é aprisionador.

O ciúme aceitável não arde em cobranças; o ciúme fatal asfixia quem ama. O ciúme aceitável é tolerante, permite que se dê risada de seus exageros; o ciúme doentio leva a vida a ferro e fogo, é radical. O ciúme aceitável não bloqueia os sonhos; o ciúme fatal tem medo de que o outro cresça.

Diferentemente do ciúme, o amor saudável pede atenção, mas não controla; solicita carinho, mas não sufoca; dá mil abraços, mas não prende; torce para ser notado, mas o faz no silêncio, não cobrando.

O amor sustentável requer autonomia.

Depender do humor, da atenção, do ânimo, do retorno do outro para ser feliz é construir uma relação catastrófica; a dependência doentia é um suicídio emocional.

A carta de amor daqueles que vivem um amor inteligente é assim:

"Eu posso viver sem você, mas sem sua presença meu céu tem poucas estrelas. Eu posso cultivar flores sem você, mas sem sua presença meu jardim é menos perfumado. Sem você sou apenas um instrumento solitário, mas com você formo uma pequena orquestra, meu sentido de vida ganha estatura, minha história ganha profundidade. Com você, minhas lágrimas são aliviadas, meus sonhos alçam voos. Obrigado por existir e me complementar".

O amor implica desejo de aproximação.
E ciúme brando, inofensivo.

Quem ama tem ciúme? Se considerarmos o ciúme como busca de aproximação, sim. Mas o ciúme como medo da perda, necessidade de controle, cobranças e atenção exagerada é um desvio doentio da necessidade de aproximação. O ciúme brando, autocontrolado, inofensivo, faz oposição à indiferença. Muitas vezes quem é indiferente não ama nem a si mesmo. Todavia, há o ciúme cruel, controlador, asfixiador e egocêntrico.

O ciúme é a mais atroz agiotagem da emoção.

Uma pessoa ciumenta pode ser comparada a um agiota, só que, nesse caso, da emoção. Empresta seu tempo, depois cobra caro de quem ama. Dá seu carinho, mas suga o outro, cobra um carinho dez vezes maior do que aquele que "emprestou".

Devemos elogiar, inspirar e encantar nosso parceiro, observar o que ele gosta; se isso é feito com maturidade, o retorno ocorrerá sem pressão.

Uma pessoa gentil, preocupada em irrigar o amor do seu parceiro, deveria receber de volta o afeto e a dedicação. Porém, essa contrapartida não deve ser exigida. Quanto mais se pressiona, mais o outro se afasta, pois a relação deixa de ser regada a prazer e passa a ser dirigida pelo estresse.

Tenha um caso de amor com a própria história!

Muitas pessoas precisam do outro para respirar autoestima, para oxigenar sua autoimagem. Sem o outro, sua existência emocional é um céu sem estrelas, uma cama sem lençol, um caminho sem estrada.

Exigem que o outro as valorize, mas elas mesmas se valorizam miseravelmente, dão migalhas de atenção para si.

A pessoa que educa seu Eu para aprender a se curtir, se valorizar, ter um caso de amor com a própria história e ter um romance com sua saúde emocional, desenvolve relações cada vez mais saudáveis com os outros.

Um romance saudável começa com
um romance consigo mesmo.

Você precisa se enxergar como uma pessoa incrível, apesar dos seus defeitos, para depois apostar no outro e ter um romance inteligente e sustentável. Se você não tem prazer consigo, como terá prazer com o parceiro? Se não sabe se aplaudir, como vai aplaudir quem escolheu para viver a seu lado?

Um amor sustentável requer que uma pessoa, antes de namorar alguém, aprenda a namorar a si mesma; caso contrário, será um veículo emocional sem direção que atropelará os outros.

> O amor é uma planta delicada, que exige
> nutrientes e água todos os dias.

Indivíduos que manifestam um amor inteligente procuram irrigar o parceiro, têm prazer em dar seu melhor a quem amam. E seu melhor são eles mesmos. Porém, muitos são tão egoístas que sua presença emocional parece caríssima para estar disponível.

O amor nasce e se desenvolve no prazer de se doar, dividir e compartilhar. O amor é um intercâmbio de experiências, nunca uma via de mão única. No relacionamento de amor inteligente, ambos se doam, ambos se procuram e correm para o mesmo alvo.

> Quem não ama a si mesmo, não conseguirá amar outra pessoa.

Quem não tem um caso de amor com sua saúde emocional se importará muito pouco com a saúde emocional do parceiro. Quem não se preocupa em se alimentar bem, em fazer exercícios, em se cuidar e nutrir, não se importará com o bem-estar de quem ama. Quem não tem autoestima, não tem coragem para se levantar nem força para lutar, nem criatividade para se reinventar; tem medo de correr riscos, chafurda na lama do conformismo, tende a culpar os outros pelo próprio insucesso ou desgraça. Quem tem baixa autoestima diminui sua capacidade de se doar, torna-se especialista em reclamar e perito em cobrar.

Casais saudáveis se amam com um amor inteligente
e não apenas com a emoção.

A relação desinteligente é intensamente instável, enquanto a relação saudável, ainda que golpeada por focos de ansiedade, tem estabilidade. A relação desinteligente é saturada de tédio, enquanto a relação saudável tem uma aura de aventura.

Na relação desinteligente, os atores são individualistas, pensam somente em si; na relação saudável, os partícipes são especialistas em procurar fazer o outro feliz. Uma relação saudável e inteligente precisa de uma nova agenda, de uma estratégia prolongada.

O amor egoísta não se sustenta.
Para ser estável, o amor tem de ser altruísta, tem de ser doador tanto para o outro quanto para a sociedade.

Casais que só veem o próprio umbigo e os próprios problemas, e não enxergam as necessidades dos outros à sua volta, estão desmoronando sem saber.

Sabe aqueles casais que um morre de ciúme do outro, e parece que os dois se bastam e que não há espaço para mais nada? Parecem muito amorosos e apegados, mas sugam tanto um ao outro que cedo ou tarde terão chance de deflagrar uma guerra no microcosmos da sala de casa. Pouco a pouco se tornam peritos em atritar, discutir, brigar e cobrar um do outro.

O amor inteligente não pode ser uma praça de competição; deve ser, isso sim, uma praça de generosidade e de investimento mútuo.

Em casais desinteligentes, o sucesso de um gera medo, ciúme e/ou sabotagem da parte do outro, ainda que veladamente.

Quando e quanto você investiu em seu parceiro nos últimos dias? Você divide a mesma história ou só a mesma cama? Conhece os pesadelos e os fantasmas que mais assombram seu parceiro?

A maioria dos casais nem sequer pergunta um ao outro: "O que o tira de seu ponto de equilíbrio? Quais são os vampiros emocionais que sugam sua tranquilidade?". Amam-se com um amor extenso como o mar, mas superficial como uma poça de água.

> Para irrigar o amor saudável é preferível ter pouco tempo gasto com profundidade do que muito tempo gasto com banalidades.

O tempo é um fator importante. Deveríamos gerenciá-lo e expandi-lo, mas um dos maiores erros dos casais superatarefados é desperdiçar, se lamentando, o pouco tempo de que dispõem.

Faça do pouco tempo momentos solenes, marcantes, inesquecíveis. Desligue a TV, brinque mais, role no tapete, troque experiências e pergunte muito. Seja um garimpeiro que explora um tesouro nos solos de quem ama.

> No amor saudável, doa-se
> mais e cobra-se menos.

Na relação doente há mais cobrança do que apoio; na relação saudável se doa muito e se cobra pouco. Casais inteligentes são sócios dos seus sonhos e projetos, e não competidores. O sucesso de um é o júbilo do outro. A pátria desses casais é o amor, e seu objetivo comum é formar mentes livres e emocionalmente saudáveis.

É muito mais confortável e gratificante ser flexível do que radical, doador do que egoísta, promover os outros do que diminuí-los, pedir desculpas do que dar desculpas.

Quando pessoas radicais e difíceis caem do céu para a terra e aprendem a não ter medo das suas lágrimas nem de esquadrinhar suas falhas e loucuras, têm a grande oportunidade de fazer um ponto de inflexão na trajetória existencial, de reescrever sua história e de construir uma relação saudável. Nas famílias, nas empresas, nas escolas, inclusive nas religiões, há muito mais deuses do que imaginamos.

Deuses adoecem a si e ao parceiro. Não poucas vezes começam a construção da relação diferentemente da origem do universo físico: iniciam-na no céu azul do amor, repleto de estrelas, e a terminam no inferno dos atritos, numa grande explosão, no *Big Bang* emocional.

Os brutos também amam, mas sofrem e fazem sofrer quem está ao seu lado.

> Entre nós e os outros existe um
> espaço intransponível.

Entre você e seu parceiro, entre você e seus filhos, entre você e todos os seus íntimos, por mais que haja um solene amor, há um espaço dantesco e insuperável. Você pode morar na mesma casa com alguém por décadas, mas vocês estarão em mundos distantes.

Podemos nos entregar, beijar e tocar as pessoas que nos são caras, mas, pelo fato de o pensamento consciente ser virtual, há um espaço entre nós. Isso pode ser dificílimo de perceber e entender.

> Quando pensamos nos outros,
> estamos amando a nós mesmos.

Você ama o outro refletido em você, o outro captado pelos códigos das palavras e da imagem que ele expressou. Se não aprendemos a refletir nossa personalidade na mente dos outros por meio de uma comunicação inteligente e generosa, nosso parceiro, nossos filhos e amigos não conseguem nos conhecer minimamente. As relações entre casais definham. O romance não é retroalimentado.

O amor sucumbe quando a linguagem da alienação toma o lugar do diálogo, quando a linguagem dos atritos toma o lugar da compreensão, quando os julgamentos tomam espaço do apoio.

A maioria dos casais se separa não por falta de amor, mas por falta de uma comunicação inteligente que retroalimente o amor inteligente.

Muitos maridos nunca falam dos seus medos para as esposas, e muitas esposas nunca relatam suas angústias para os maridos. Só falam do irrelevante.

Quem não é capaz de falar de si mesmo nem tem interesse em explorar seu parceiro, dorme na mesma cama, mas constrói muros impenetráveis. Esse silêncio aumenta o tédio e fomenta um sentimento de vazio inexplicável.

Casais saudáveis constroem pontes, casais desinteligentes vivem ilhados.

Os casais desinteligentes, se não se reciclarem, têm grande chance de ir à falência emocional, ainda que sejam muito românticos e apaixonados. A cola da paixão não é garantia de sobrevivência e estabilidade da relação. É necessário desenvolver habilidades da inteligência socioemocional para transformar conflitos em aprendizados, crises em experiências, perdas em ganhos, frustrações em afetos, enfim, distanciamentos em entrelaçamentos.

O ciúme asfixia o amor.

O fantasma da perda impede os seres humanos de serem autônomos, de serem livres e de ajudarem os outros a serem livres. O ciúme do cargo transforma uma nação ou um mandato político em uma posse; o ciúme das pessoas transforma-as em propriedade.

Só é digno do poder quem é desprendido dele; só é digno do amor quem não é dependente do outro. O ciúme é a melhor forma de perder a autonomia e asfixiar o amor.

Os casais inteligentes se amam não apenas com um sentimento ardente, mas com um amor inteligente.

O amor ardente pode ser mais atraente, mas atração e repulsão, paixão e ódio estão muito próximos. Um amor mais calmo pode não ser o mais atraente, mas é mais estável e tem mais chance de ser durável.

Se o amor não é suficiente para suportar uma traição, quem foi traído deve sair com dignidade.

Quem pune o parceiro – mediante punição sexual, financeira, física ou com palavras – está apto para ser um carrasco, um executor de sentenças, mas não para escrever uma bela história de amor. A pessoa traída deve assumir uma postura madura e inteligente, dizendo algo como: "Obrigada pelo tempo que vivemos juntos. Você me perdeu. Daqui para a frente saiba que serei mais feliz. Siga o seu caminho e seja feliz também".

A saúde emocional agradece. Sem tom de voz agressivo, sem sermões, sem críticas, sem comparações, sem ameaças, sem punições e sem mágoas. É assim que dois adultos deveriam resolver suas pendências. A relação deixa de ser um inferno emocional e passa a ser um jardim em construção.

É mais fácil programar supercomputadores, dirigir grandes empresas, cumprir metas profissionais elevadíssimas do que construir relações saudáveis regadas a um sublime amor.

Brilhantes intelectuais quiseram conquistar o amor com sua cultura, mas ele disse: "Encontro-me nas coisas simples e anônimas!".

Milionários quiseram comprá-lo com dinheiro, mas ele declarou: "Não estou à venda!".

Generais quiseram dominá-lo com armas, mas ele afirmou: "Só floresço no terreno da espontaneidade!".

Políticos tentaram seduzi-lo com seu poder, mas o amor bradou: "O poder me asfixia".

Celebridades quiseram envolvê-lo com a fama, mas ele sem titubear rebateu: "A fama jamais poderá me seduzir".

Nada é tão belo quanto construir relações sociais saudáveis, fundamentadas em amor inteligente.

Nada pode ser tão angustiante quanto construir relações saturadas de atritos, discórdias, cobranças, ansiedade, ciúme, controle, medo da perda, necessidade neurótica de estar sempre certo. Pessoas maravilhosas também falham.

Por mais saudável e permeada de amor que seja a relação, de vez em quando ela entrará no terreno dos desentendimentos ilógicos, das atitudes tolas, das reações injustas, dos ciúmes débeis, da intolerância insana. Reciclar o lixo psíquico determinará a sustentabilidade da relação e a poesia do amor.

O amor inteligente nasce no terreno da confiança.

Pessoas inteligentes sabem que o ciúme circunstancial brando faz parte da história de um casal saudável, mas o ciúme controlador é um erro capital. O ciúme é um fenômeno interno, e o controle obsessivo é sua manifestação externa. Nada adoece tanto as relações, nada asfixia tanto o amor quanto o ciúme controlador. A pessoa excessivamente ciumenta não acredita no parceiro porque não acredita em si mesma. Quer controlar os passos do outro porque o ciúme controla sua alma.

Homens inteligentes sabem que o amor nasce no terreno da espontaneidade e cresce no solo da liberdade.

Homens inteligentes têm coragem de perguntar: "Onde errei e não percebi?", sensibilidade para admitir: "Eu preciso de você", e maturidade para declarar: "Eu te amo". Sabem que ninguém é digno de um grande amor se não superar as dificuldades para alcançá-lo. Homens inteligentes transformam perdas em ganhos, crises em oportunidades para crescer, lágrimas em brilhantes aprendizados.

Homens inteligentes não são autoritários. Não impõem suas ideias, mas as expõem gentilmente, ainda que não sejam aceitas.

Jamais usam tom agressivo, força física ou dinheiro para conquistar uma mulher ou os filhos, pois sabem que sua verdadeira força está em sua generosidade.

Belos romances têm finais trágicos não por falta de amor, mas por causa das labaredas do confronto.

A pior atitude de uma mulher na relação com seu parceiro é se posicionar como uma psicóloga com um condão mágico, ansiando mudá-lo. Homens difíceis não precisam de parceiras psicólogas, mas de mulheres surpreendentes.

Não seja terapeuta de quem ama, seja uma mulher romântica e inteligente.

Mulheres inteligentes sabem lidar com os focos de tensão. Nos atritos, fazem a oração dos sábios, o silêncio proativo. Esperam as labaredas da ansiedade passar para depois se manifestar. Uma mulher inteligente sabe que romances duradouros são cultivados nos solos da gentileza. Lança com paciência suas raízes nas crises e colhe com perseverança no futuro.

Desde que não asfixie seus princípios, uma pessoa inteligente deve estar sempre aberta para começar, com quem ama, um novo capítulo em sua história.

Uma pessoa inteligente sabe que não há amor sem acidentes nem relações sem tempestades. Ela é capaz de escrever os melhores capítulos de seus romances nos momentos mais difíceis de sua existência.

É possível viver com pessoas difíceis e ser feliz, desde que não tenhamos a obsessão de querer mudá-las. Não tenha a necessidade neurótica de mudar as pessoas. Não exija o que os outros não podem dar ou não querem dar.

Débil ilusão acreditar no "Viveremos felizes para sempre".

Para o relacionamento prosperar, os casais devem beber das fontes que nutrem as relações saudáveis, como o poder do elogio, a arte de surpreender, de dialogar, de autodialogar, de proteger a emoção.

É preciso evitar os erros capitais das relações doentes, como a ditadura do ciúme, do controle, da crítica excessiva, da necessidade neurótica de mudar o outro.

Ninguém é digno de um belo romance se não usar suas lágrimas para irrigá-lo. Ninguém é digno de escrever uma bela história de amor se não aprender a reconhecer os próprios erros e não usá-los para escrevê-la.

Um amante se torna admirável não quando dá o mundo de fora para quem ama, mas quando dá seu próprio mundo.

A durabilidade do amor depende da arte de elogiar e da arte de surpreender.

Quer fazer uma real diferença na vida de quem você ama? Saia do lugar-comum. Reaja de maneira imprevisível, diga algo encantador de forma inesperada. O tédio e a mesmice retiram o oxigênio do amor. Quando o casal deixa de fazer pequenos elogios e surpresas agradáveis um ao outro, asfixia a relação.

O amor, fruto mais excelente da emoção, ultrapassa os limites da lógica e, por isso mesmo, deve ser irrigado por comportamentos que também ultrapassem os limites da razão.

Se a emoção fosse previsível, o amor não seria esse sentimento borbulhante, pulsante, arrebatador, capaz de gerar taquicardia e excitar os pulmões a procurar o ar.

O diálogo simples e aberto promove o amor.

A mulher inteligente sabe que o amor nasce no terreno onde as máscaras caem, onde a maquiagem é removida, e nos tornamos o que sempre fomos: apenas seres humanos, e, como tais, fortes por um lado, frágeis por outro, independentes em algumas áreas, totalmente dependentes em outras. Ela não se esconde atrás de posição social, dinheiro ou cultura, tem notório apreço pelo diálogo, não tem medo de ser conhecida nem de conhecer aqueles que lhe são caros.

Ao exercitar o diálogo, a mulher inteligente transforma-se em garimpeira que procura a criança frágil por trás de homens radicais, de filhos alienados e de alunos agressivos. Ela sabe que diálogos simples e abertos irrigam a esperança, aliviam a dor, promovem o amor.

Seja presente para cultivar o amor.

A maioria dos casais conhece no máximo a sala de visitas um do outro. Conhecem os defeitos de cada um, mas não as áreas mais íntimas do seu ser. Não revelam suas mágoas, não falam dos seus conflitos, não segredam seus medos.

Não sou contra presentear o parceiro; isso é uma forma de agradar, mostrar afeto. Contudo, se você quiser cultivar o amor no sentido mais pleno, o melhor caminho não é dar presentes, mas dar o próprio ser. É falar das suas lágrimas para que seu parceiro aprenda a chorar as dele. É comentar sobre suas perdas e seus fracassos para que seu parceiro entenda que ninguém é digno do sucesso se não usar as crises para alcançá-lo.

Não permita que as chamas do amor se apaguem!

É questionável que amar seja sempre uma experiência prazerosa. Se houver atritos, discussões, cobranças, insegurança, medo da perda, a relação deixa de ser agradável e o amor é asfixiado.

O amor humano precisa de cuidados diários, do contrário, suas chamas um dia se apagam.

O amor sempre surge em pessoas imperfeitas.

Engana-se quem pensa que o amor verdadeiro supera tudo, sem a necessidade de apelar para as funções da inteligência. Para que o amor seja verdadeiro é necessário que as pessoas imperfeitas reconheçam seus erros, corrijam suas rotas, reciclem seu egoísmo, peçam desculpas. Sem esses instrumentos, um amor verdadeiro adquire ares de fragilidade.

Engana-se ainda mais quem acredita que o amor verdadeiro jamais acaba, nunca se esgota e que será sempre estável.

> Algumas pessoas se apaixonam intensamente,
> mas perdem essa paixão rapidamente; são viciadas
> em encontrar um novo amor.

Todos têm a liberdade de viver com quem amam, mas a troca constante de relacionamentos pode indicar que a falha não está na intensidade do amor, mas na personalidade imatura de quem ama.

No caso de uma personalidade imatura, o amor floresce enquanto é uma novidade; quando cai na rotina e enfrenta as intempéries da vida, pouco a pouco perde o viço, converte-se num sentimento pífio. A ruptura pode ser o desfecho.

O amor é eterno, intenso, impactante pelo tempo que se ama.

Porém, a continuidade ou descontinuidade do amor não depende apenas do universo do amor em si, mas também das habilidades socioemocionais de quem o cultiva.

Ser simpática é realçar a durabilidade e a agradabilidade do amor.

Ser simpática é uma forma excelente de cultivar o amor, é ser uma poetisa do bom humor. É acima de tudo distribuir gratuita e generosamente sorrisos e cumprimentos para seu parceiro.

Você pode ser generosa e impactante com os de fora, mas, se ao entrar em casa não for uma poetisa do bom humor, criará um clima desagradável com seu cônjuge e seus filhos. Será uma vendedora de ansiedade e não de sonhos.

Um relacionamento pode começar com um amor brando, mas, quando irrigado, ganhará musculatura.

Um relacionamento pode se iniciar com um amor louco, borbulhante, apaixonante, mas, se não for cultivado com sorrisos e bom humor, vai se desgastar e se empobrecer. A musculatura do amor depende de carisma, empatia, superação da necessidade neurótica de mudar o outro, mas é indubitável que a simpatia gera um tempero prazeroso para os mais finos romances.

O vinho do amor azeda com mau humor; com intolerância a frustrações, torna-se vinagre. Gestos simples e diários fazem diferença para o paladar emocional.

O amor verdadeiro não asfixia.

Quem ama não arromba o cofre psíquico de quem está ao seu lado. Sabe que o verdadeiro amor nasce quando se cobra menos e se doa mais. Sabe que uma relação só vale a pena se somos primeiramente amados pelo que somos e não pelo que temos.

Quem ama verdadeiramente dá liberdade ao outro, inclusive para partir, pois sabe do próprio valor, não aceita ser querido por pressão, chantagem ou manipulação. Se for abandonado, quem perderá será o outro.

Direitos desiguais asfixiam o amor.

O casamento é uma democracia emocional. As opiniões de ambos têm ou deveriam ter o mesmo peso. Ser transparente é fundamental para ter um romance sustentável, mas expor e não impor as ideias é igualmente vital.

Quem é transparente sem delicadeza se torna um trator e passa por cima do parceiro, causando acidentes e danos emocionais. Regular o tom de voz é fundamental. É possível falar de problemas graves num tom ameno. E se o parceiro elevar o tom de voz? Você deve baixar o seu e levá-lo a perceber que gritos espantam o amor.

Quem se preocupa em cultivar um romance perene
não tem vergonha de declarar seu amor.

Quem não se preocupa em agradar quem ama, não avalia a própria imaturidade nem recicla o mau humor, não analisa suas reações impulsivas nem supera sua mente agitada, não sabe reconhecer a própria indiferença nem os próprios excessos.

No começo da relação somos jardineiros hábeis em cultivar flores, mas com o tempo nos convertemos em coveiros do romance, sepultando o amor. No começo, tudo é uma festa; alguns relaxam tanto que fazem da relação um agradável circo. Com o tempo, patadas aparecem, discussões por picuinhas se tornam frequentes, e o circo dá espaço ao ringue.

Quem aprende a arte de dialogar se torna poeta do amor.

Dialogar todos os dias, conversar abertamente na mesa do jantar, desligar a TV duas ou três vezes por semana durante pelo menos quinze minutos e começar a praticar a arte da pergunta para explorar os tesouros de quem amamos, nutrem o amor e protege a emoção contra seus transtornos.

A pessoa que domina a arte do diálogo torna-se poetisa do amor, ainda que nunca tenha escrito poesias, pois vive seus relacionamentos como se fossem a mais bela de todas as coisas.

O amor não é um produto acabado.

O amor se cultiva, o amor se lapida, o amor se estimula.
O amor morre mesmo sendo real. Mas também renasce.
O amor não é genético; não se nasce sabendo amar. Você aprende a amar.
Pessoas inteligentes têm consciência de que o verdadeiro amor floresce não quando duas pessoas se anulam, mas sim quando dois amantes se complementam.

**Tentar dominar o comportamento do parceiro
é a melhor maneira de matar o amor.**

Tentar controlar o comportamento do outro é um erro capital, próprio das relações doentes. A pessoa controladora se transforma em policial, faz inquéritos, quer saber onde o parceiro vai, com quem anda, o que faz e o que fala. Ela perde a liberdade e tenta tirar a liberdade do outro.

Grandes romances terminam em grandes fracassos pela ditadura do ciúme. A musicalidade das palavras afetivas dá lugar à tonalidade áspera dos atritos.

Amantes engessados asfixiam o amor.

Muitos amantes usam a arte de surpreender no início da relação. Levam flores, dizem palavras únicas, revelam sentimentos, confessam segredos, gastam horas ao telefone e parecem que os assuntos são inesgotáveis.

Se com o tempo mulheres e homens, outrora apaixonados, deixam de fazer pequenos elogios e agradáveis surpresas uns aos outros, asfixiam a relação sem o saber.

Nunca houve tantas mentes engessadas nas sociedades modernas. Amantes engessados engessam o amor.

Um relacionamento pode iniciar com um amor "louco", borbulhante, apaixonante, mas se não for cultivado com sorrisos e bom humor ele se desgasta e empobrece.

O vinho do amor azeda com o mau humor, com a intolerância às frustrações, torna-se vinagre. Gestos simples e diários fazem a diferença para o paladar emocional.

Todos os dias os parceiros deveriam provocar a emoção de quem ama com sorrisos e motivação e vice-versa. Mas é paradoxalmente estúpido. Com o passar do tempo sorrimos e cumprimentamos com mais alegria os estranhos do que os nossos familiares.

No início do romance, a chegada do namorado ou da namorada é um acontecimento único, que jamais passa despercebido. Com o tempo vem o cárcere da rotina e um olha para o outro no pequeno cosmo do ambiente familiar e muitas vezes eles nem se cumprimentam. Todos os dias os casais deveriam se tocar, dar um bom-dia, alegrar-se com a presença do outro.

Jamais perca a sensibilidade.

Gestos amáveis, poesias de amor, e-mails e mensagens no celular saturados de afeto; mas eis que a rotina chega, a sensibilidade contrai-se e o amor fragiliza-se. O fracasso atinge áreas em que se era especialista. Esmaga-se a arte de agradecer, perde-se a capacidade de se deslumbrar com a vida.

A arte de agradecer transforma quadros apagados em obras vivas, relações frias em quentes, convivências secas em terrenos úmidos.

O amor aplaude pessoas que jamais perdem sua sensibilidade, que são capazes de ensinar o outro a viver a vida como um show imperdível.

O amor inteligente se torna mais duradouro.

Os casais inteligentes se amam com um amor inteligente e não apenas com sentimento ardente. O amor ardente pode ser mais atraente, mas atração e repulsão, paixão e ódio estão muito próximos. Um amor mais calmo, "domesticável", dosado pode não ser mais atraente, mas é mais estável e tem mais chance de durabilidade.

Sem raízes, o amor vira uma catástrofe emocional.

Por que a paixão pela internet raramente tem raízes? Por que eles não se conhecem de fato um ao outro.

Quando os internautas apaixonados saem das telas e entram na vida real, começam a conviver com os defeitos, manias e conflitos uns dos outros, e surgem crises. Todo relacionamento no qual o ciúme é exagerado, em que um quer controlar o outro, não cria raízes, morre facilmente.

Uma pequena dose de ciúme é quase inevitável e aceitável, mas uma overdose de ciúme sufoca a relação, destrói completamente o amor.

O verdadeiro amor cultiva-se no terreno da liberdade.

Uma pessoa inteligente aprende com os seus erros, uma pessoa sábia vai além, aprende com os erros dos outros, pois é uma grande observadora.

Procurem um grande amor na vida e cultivem-no. Pois, sem amor, a vida se torna um rio sem nascente, um mar sem ondas, uma história sem aventura. Mas, nunca esqueçam, em primeiro lugar tenham um caso de amor consigo mesmos.

O amor precisa ser nutrido diariamente e precisa respirar, mas perde o oxigênio da liberdade quando o casal se torna especialista em discutir.

Milhões de casais do mundo inteiro: brasileiros, norte-americanos, europeus, africanos, asiáticos. Começamos a amar com a emoção, mas só continuamos a amar pela admiração. Se você não se fizer admirável, não será amado, ainda que seja o ser humano mais ético e o profissional mais eficiente e responsável do mundo.

Como se fazer admirável? Espere, por favor.

> Se formos vitimistas, gravitaremos na órbita do estímulo estressante, e ele nos controlará.

No caso da perda de um ente querido, uma técnica de gestão da emoção para superar o luto é treinar o Eu para não se deprimir, homenageando a quem partiu, por exemplo, proclamando diariamente:

"Homenageio cada minuto que vivi com quem amei bebendo do cálice da felicidade, e por amor a ele, darei o melhor de mim para fazer os outros felizes".

Em relação a outros traumas, como divórcio, humilhações, crises financeiras, o Eu não pode ser "coitadista", vitimista nem conformista; deve ser forte e líder de si mesmo, proclamando diária e silenciosamente que sua paz vale ouro, e que o resto é insignificante, declarando: "Os melhores dias estão por vir". Desse modo, a psicoadaptação se acelera.

> Só quem tem um romance com a própria história
> poderá amar a história dos outros.

O pensamento mais conhecido do mundo é amar ao próximo como a si mesmo. Poucos entendem que não podem amar profundamente seus filhos, cônjuges e amigos se primeiramente não forem apaixonados por sua vida.

O amor tem uma capacidade muito maior de imprimir marcas e traços do que os pincéis, as lâminas, as notas musicais e as ideias. Mas como é possível o Eu amar os outros se não tem uma relação afetiva e carinhosa com ele mesmo e com a própria existência?

Você é uma peça vital do universo e, portanto, deveria se abraçar e dizer: "Apesar de tudo, Eu me amo".

Seu Eu pode diminuir seu valor, pode se inferiorizar diante de quem ama, menosprezar-se diante de celebridades; porém, seu cérebro nunca fará isso. Para seu cérebro, ninguém é mais importante do que você.

Você não deveria ter ciúme do outro, independentemente de quem ele seja; deveria ter ciúme de você mesmo, da sua saúde emocional e física e da sua autoestima, que estão indo ladeira abaixo.

Veja as diferenças: o amor é paciente, o ciúme é ansioso; o amor é generoso, o ciúme é egoísta. O amor é tolerante, o ciúme é julgador; o amor é curativo, o ciúme é vingativo; o amor é libertador, o ciúme é controlador. O amor é investidor, o ciúme é explorador. O amor é humilde, o ciúme é arrogante.

Como referência para esta obra, foram usados os seguintes livros – todos escritos por Augusto Cury:

365 dias da mulher emocionalmente saudável

Mulheres inteligentes, relações saudáveis

As regras de ouro dos casais saudáveis

Filhos brilhantes, alunos fascinantes

Mentes saudáveis, lares felizes

365 dias de inteligência